1er Fascicule

LE MONUMENT NATIONAL

Edité sous le patronage et avec le concours

DE L'ASSOCIATION DES

Conseillers Municipaux de France

Monographies — Histoire — Statistique — Agriculture — Commerce — Industrie

DES COMMUNES

Édition du Département de la Seine

PREMIER FASCICULE

ALFORTVILLE — ANTONY — ARCUEIL-CACHAN — ASNIÈRES

PARIS
E. CHAMPION, Directeur du Monument National
38, RUE DU LOUVRE, 38

LE MONUMENT NATIONAL

L'Édition du département de la Seine (Paris excepté) paraît en vingt livraisons, chacune des 19 premières livraisons contient l'historique, le plan, la reproduction de vues photographiques, le tableau des membres du Conseil municipal, des biographies, monographies, portraits, etc., de personnalités notables de quatre communes du département.

Ces communes seront publiées dans l'ordre suivant :

1re livraison : Alfortville. Antony. Arcueil-Cachan. Asnières.

2e livraison : Aubervilliers. Bagneux. Bagnolet. Bobigny.

3e livraison : Bois-Colombes. Bondy. Bonneuil. Boulogne.

4e livraison : Bourg-la-Reine. Bourget. Bry-sur-Marne. Champigny.

5e livraison : Charenton. Chatenay. Chatillon. Chevilly.

6e livraison : Choisy-le-Roi. Clamart. Clichy. Colombes.

7e livraison : Courbevoie. Courneuve (la). Créteil. Drancy.

8e livraison : Dugny. Épinay. Fontenay-aux-Roses. Fontenay-sous-Bois.

9e livraison : Fresne. Genevilliers. Gentilly. Hay (l').

10e livraison : Ile Saint-Denis (l'). Issy-les-Moulineaux. Ivry. Joinville.

11e livraison : Kremlin-Bicêtre (le). Levallois-Perret. Lilas (les). Maisons-Alfort.

12e livraison : Malakoff. Montreuil. Montrouge. Nanterre.

13e livraison : Neuilly-sur-Seine. Nogent-sur-Marne. Noisy-le-Sec. Orly.

14e livraison : Pantin. Perreux (le). Pierrefitte. Plessis-Piquet (le).

15e livraison : Pré Saint-Gervais (le). Puteaux. Romainville. Rosny-sous-Bois.

16e livraison : Rungis. Saint-Denis. Saint-Mandé. Saint-Maur-les-Fossés.

17e livraison : Saint-Maurice. Saint-Ouen. Sceaux. Stains.

18e livraison : Suresnes. Thiais. Vanves. Villejuif.

19e livraison : Villemomble. Villetaneuse. Vincennes. Vitry-sur-Seine.

20e livraison : Liste par ordre alphabétique de tous les Conseillers municipaux de la Seine.

La vingtième livraison comprendra, en outre des documents administratifs, lois et décrets, relatifs à la constitution des conseillers municipaux.

Le prix du fascicule est fixé à un franc sauf pour les treizième et seizième pour lesquels nous ne pouvons fixer le prix par avance.

Les souscripteurs à l'Édition complète du département de la Seine (Paris excepté) bénéficieront d'une réduction de 40 pour 100.

Ne jouiront de cette réduction que les souscriptions qui parviendront au siège social de l'Association des conseillers municipaux avant le 1er octobre 1903.

A cet effet les premières livraisons contiennent un bulletin de souscription, page 4 de la couverture, que nous prions nos lecteurs de bien vouloir détacher et nous retourner le plus tôt possible.

LE

MONUMENT NATIONAL

Edité sous le patronage et avec le concours

DE L'ASSOCIATION DES

Conseillers Municipaux Français

Monographies — Histoire — Statistique — Agriculture — Commerce — Industrie

des COMMUNES

La vie du citoyen chargé d'un mandat électif devrait être connue de tous ses électeurs.

C'est le plus sur et le meilleur moyen d'atténuer les critiques, d'enrayer les calomnies et de justifier les actes de sa fonction.

Le **Monument National** est l'historique de la Commune et de ses notables habitants et principalement de ceux qui à un degré quelconque se doivent à leurs concitoyens.

Si dans une démocratie il appartient à tous de briguer le suffrage des électeurs, si même, pour quelques uns, c'est presque un devoir de mettre leurs talents, leurs capacités au service de leurs concitoyens, les élus contractent par là même l'obligation de faire savoir à tous qui ils sont, ce qu'ils ont été et ce qu'ils peuvent faire pour le bien public.

La vie au grand jour du citoyen chargé d'une fonction n'est plus une hypothèse elle devient une réalité, une nécessité, à laquelle ne sauraient se soustraire que ceux qui craignent l'opinion publique.

Notre société vit de relations, elle subsiste par les sympathies et les courants d'opinion qui se créent autour d'hommes recommandés par leurs vertus ou leurs qualités, nécessaires à l'organisation et à la direction des affaires publiques, nécessaires aussi à l'ordre économique et vital de la nation.

Supprimer les chefs est une utopie ; à l'instant même où on les supprime, il s'en crée de nouveaux. Détruisez la hiérarchie, abolissez les titres, au moment même où ils seront fondus dans le grand cycle égalitaire de l'humanité, vous les verrez réapparaître sous une autre appellation.

Aux droits de la féodalité, aux privilèges des seigneurs ont succédé les tribuns des Etats Généraux, les généralats de l'Empire, etc. Les concessionnaires de services publics eurent bientôt fait de remplacer les fermiers généraux ; la modification ne fut qu'apparente sans être très avantageuse pour le peuple. L'inféodation à un système égalitaire qui mettrait tous les citoyens du même Etat sur le même niveau social n'existe qu'en théorie ; l'homme a besoin d'être dirigé, il recherche lui-même cette direction et la préconise chaque fois que l'occasion s'en présente en indiquant par les suffrages qu'il émet sur tels ou tels citoyens ses préférences et ses aspirations.

Pour ces raisons, il est nécessaire que les citoyens se connaissent, et se connaissant davantage ils pourront mieux se juger et s'apprécier. Il est utile que ceux qui ont été élus exposent leur vie aussi complètement et largement que possible, ce faisant, ils continueront à jouir de l'estime de leurs électeurs. Celui qui, au grand jour de la lumière des discussions publiques, explique ses actes et le pourquoi de ses votes ne saurait être calomnié.

S'inspirant de son titre, le Monument National reproduira ainsi par périodes législatives les biographies des principaux citoyens des Communes de France, réservant une place d'honneur à ceux qui dirigent et administrent toujours avec dévouement et souvent même au détriment de leurs intérêts personnels le bien commun.

Nous étendrons ensuite nos études et monographies aux industriels et commerçants de ces mêmes communes qui méritent d'être signalés, montrant comme exemple ceux qui par leur activité commerciale, par leur ingéniosité industrielle ou par leurs qualités et vertus civiques s'en seront rendus dignes et contribuent au développement continu et permanent de notre pays, à sa grandeur et à la consolidation de nos institutions démocratiques.

Enfin le jour où nous donnerons le nom de tous les électeurs de la Commune nous aurons amené le Monument National à son véritable but qui est de préparer, pour les postérités futures, l'arbre généalogique de tous les Français.

Le premier acte de l'Association nationale des Conseillers Municipaux est la création du Monument National tel que nous l'exposons.

Le Comité de Direction de l'Association, en faisant adresser à chacun des Conseillers Municipaux du département de la Seine le fascicule de leur commune, espère que les adhésions à l'Association lui parviendront nombreuses et que le concours qu'il attend de chacun en particulier et de tous en général, pour lui faciliter la publication et les moyens de répandre le Monument National, ne lui feront point défaut.

MM. les Conseillers Municipaux ont à leur disposition plusieurs moyens pour aider l'Association à remplir le but qu'elle se propose en publiant le Monument National :

1° S'inscrire comme Membre de l'Association ;

2° Faire voter une subvention à l'Association ou pour des exemplaires du Monument National qui seront remis à la bibliothèque communale ;

3° Souscrire eux-mêmes individuellement à un ou plusieurs exemplaires du Monument National (fascicule communal) ou volume départemental.

4° Etre collaborateur du Monument National.

Nous adressons par avance nos remerciements à tous.

M. ÉMILE LOUBET

PRÉSIDENT DE LA RÉPUBLIQUE FRANÇAISE

L'AN 1903

sous le Gouvernement de la République

L'ASSOCIATION NATIONALE

DES CONSEILLERS MUNICIPAUX FRANÇAIS

a commencé la publication du

MONUMENT NATIONAL

qu'elle dédie à

M. ÉMILE LOUBET

Président de la République

COMITÉ DE DIRECTION

de l'Association Nationale des Conseillers Municipaux Français

---

Président :

MM. Dr PIETTRE, O. ✻, ✪, Sénateur, ancien maire.

Vice-Présidents :

URSLEUR, Député, ancien maire ;

G. HUET, maire de Neuilly-sur-Seine.

Secrétaires :

Paul BEAUFRE, ✪, ancien conseiller municipal, président du Secours Immédiat ;

COSNEFROY, conseiller municipal.

Trésoriers :

de FLAUGERGUES, ✻, 1er adjoint ;

Armand HAHN, conseiller municipal.

Membres du Comité :

MM. Hector DEPASSE, ancien conseiller municipal de Paris, ancien chef de cabinet du Ministre de l'Instruction publique ;

LEVÉE, ✻, ✪, conseiller municipal de Paris, conseiller général de la Seine ;

SQUEVILLE, ✪ I., maire de Fontenay-sous-Bois, conseiller général de la Seine ;

DRUET, ✪, conseiller municipal ;

N..., N..., N..., N...

Directeur Technique :

M. E. CHAMPION. Ingénieur, *Promoteur de l'Association.*

DÉPARTEMENT DE LA SEINE

SÉNATEURS

MM. **BASSINET**, rue de Vouillé, 47.
EXPERT-BEZANÇON, rue du Château-des-Rentiers, 187.
DE FREYCINET, rue de la Faisanderie, 123 (ancien 77).
POIRRIER, avenue Hoche, 2.

MM. **LEFÈVRE** (Alexandre), rue Pépin, 8, à Montreuil-sous-Bois (S.).
PIETTRE, avenue Chanzy, 5, à la Varenne-Saint-Hilaire (S.).
STRAUSS, (Paul), avenue de Wagram, 76.
THUILLIER, rue de Paradis, 20.

DÉPUTÉS

MM. **ARCHDEACON**, av. des Champs Elysées, 15.
AUFFRAY (Jules), boulevard Raspail, 127.
BAGNOL, rue de la Croix Nivert, 74.
BEAUREGARD (Paul), rue Erlanger, 21.
BENOIST (Charles), rue de Tournon, 12.
BERGER (Georges), rue Legendre, 8.
BERRY (Georges), rue Laffitte, 43.
BINDER (Maurice), av. des Champs-Elysées, 102
BONVALOT, villa de la Réunion, 18.
BOS (Charles), boul. Haussmann, 11 bis.
BUISSON (Ferdinand), rue Bobillot, 30.
CARDET, rue de la Glacière, 64.
CHAUVIÈRE, rue Saint Charles, 137.
COCHIN (Denys), rue de Babylone, 53.
CONGY, rue Blanche, 11.
COUTANT, r. Thiers, 6, à Ivry-sur-Seine (Seine).
DEJEANTE, rue du Jourdain, 10
DEVILLE (Gabriel), rue Alboni, 7.
DUBOIS (Emile), avenue du Maine, 165.
FAILLOT, rue Dumont-d'Urville, 29.
FAURE (Firmin), rue Francisque-Sarcey, 6.
FÉRON, route Stratégique, 32, à Suresnes (Seine).
FLOURENS, rue du Ranelagh, 82.
GERVAIS (A.), rue Lasserre, 22, à Issy-Moulineaux.
GUYOT DE VILLENEUVE, b. Maillot, 46, Neuilly.

MM. **HEMARD**, rue de Paris, 87 à Montreuil (Seine).
HOLTZ, avenue Victor-Hugo, 97.
HUGUES (Clovis), passage Elysée-des-Beaux-Arts, 18.
LEPELLETIER (Edmond), rue Bridaine, 9.
LEROLLE, avenue de Villars, 10.
LEVRAUD, boulevard Voltaire, 98.
LOCKROY, avenue Victor Hugo, 140.
MAUJAN, rue des Belles Feuilles, 43.
MESLIER, rue Choron, 20.
MESSIMY, boulevard du Montparnasse, 74.
MILLERAND, avenue de Villars, 2.
MILLEVOYE, avenue Bugeaud, 10.
PASCHAL-GROUSSET, rue Vivienne, 51.
PRACHE, boulevard Saint Germain, 149.
PUECH, boulevard Sébastopol, 104.
PUGLIESI-CONTI, avenue de Villiers, 19.
ROCHE (Ernest), rue Lécluse, 2.
ROUANET, rue Caulaincourt, 121.
SEMBAT (Marcel), rue Damrémont, 9.
SPRONCK (Maurice), rue du Pont-de-Lodi, 5.
SYVETON, av. de Neuilly, 20 bis, à Neuilly.
TOURNADE, rue des Marais, 95.
VAILLANT, villa du Bel-Air, 15.
VEBER (Adrien), rue de Paris, 23 bis, à Bondy (S).
WALTER, r. de Paris, 3 bis, à Saint-Denis (Seine).

LE MONUMENT NATIONAL

CONSEIL GÉNÉRAL DE LA SEINE

M. Ernest CARON, *Président*

Vice-Présidents :

M. César CAIRE M. MARQUEZ

Secrétaires :

M. SQUÉVILLE M. QUINTAINE M. FORTIN M. GROSS

Syndic :

M. BELLAN

LES 101 MEMBRES DU CONSEIL GÉNÉRAL DE LA SEINE

MM. **ACHILLE** (L.), négociant, rue du Temple, 178.
ALPY, docteur en droit, rue Bonaparte, 68.
ARCHAIN, correcteur typographe, rue Pelleport, 165.
AUFFRAY (J.), avocat à la Cour d'appel, b. Raspail, 127.
BALLIÈRE, architecte, rue Caulaincourt, 123.
BARANTON, avocat, rue Michel-Chasles, 3.
BARBIER (L.), rue de Sèvres, 77, Boulogne s.-Seine.
BARILLIER, avenue Trudaine, 27.
BASSET, docteur en médecine, r. Basset, 9, à St Ouen.
BELLAN, négociant, rue des Jeuneurs, 30.
BERTHAUT, facteur de pianos, r. des Couronnes, 122.
BERTROU (G.), avocat, rue de Lisbonne, 11.
BLANCHON, propriétaire, rue de Turbigo, 64.
BRENOT, industriel, rue Portefoin, 16
BROUSSE (P.), docteur en médecine, av. de Clichy, 81.
BUSSAT, représentant de comm., b. La Chapelle, 14.
CAIRE (C.), docteur en droit, r. de Constantinople, 39.
CAPLAIN, rentier, Chaussée de la Muette, 6.
CARMIGNAC, propriétaire, r. V.-Hugo, 21, Montrouge.
CARON (E.), avocat, rue Saint-Lazare 80.
CARON (J.), rue Greneta, 26.
CHASSAIGNE GOYON, docteur en droit, r. La Boëtie, 20.
CHAUSSE, boulevard Voltaire, 273.
CHAUTARD, doct. ès sc., r. Olivier de-Serres, 15.
CHENAL, maire, Grande-Rue, 50 à Alfort.
CHEREST, avocat, square du Roule, 2.
CHÉRIOUX (A.), rue de l'Abbé-Groult, 95.
CHÉROT, docteur en médecine, rue de la Sorbonne, 2.
COLLARDEAU, maire, rue Halévy, 6.
COLLY, rue Baulant, 11.
DAUSSET, agrégé de l'Université, rue Béranger, 6.
DESPATYS (baron), place Vendome, 22.
DESPLAS, avocat, rue de l'Arbalète, 34.
DEVILLE, avocat, rue du Regard, 12.
DOMART, rue de la Courneuve, 8, à Aubervilliers.
DUBUC, ingénieur civil, rue Meslay, 31.
DUPONT, architecte, av. du Roule, Neuilly sur-Seine.
DUVAL-ARNOULD, docteur en droit, r. de Rennes, 95.
ESCUDIER (P.), avocat, rue Moncey, 20.
EVAIN, avocat, rue Michel Ange, 68.
FAILLET, comptable, boulevard de La Villette, 57.
FÉRON, route Stratégique, 32, à Suresnes.
FORTIN, rue de l'Université, 107.
FOURSIN (P.), rue Doudeauville, 66.
FRIBOURG, boulevard de Reuilly, 40.
FROMENT-MEURICE (F.), industriel, r. d'Anjou, 46.
GALLI (H.), rue de Courcelles, 111 *bis*,
GAY, publiciste, rue de Sfax, 4.
GELEZ (V.), rue du Chemin-Vert, 99.
GIROU (G.), boulevard de Strasbourg, 71.
GRÉBAUVAL (A.), homme de lettres, r. La Villette, 44.

MM. **GROSS**, maire, à Bonneuil-sur-Marne.
HÉMARD, maire, rue de Paris, 87, Montreuil-s.-Bois.
HÉNAFFE, rue de la Tombe-Issoire, 36
HOUDÉ, rue Albouy, 29
JACQUEMIN, villa du Pré, au Pré-Saint-Gervais.
JOUSSELIN, rentier, avenue Mac-Mahon, 35.
LAJARRIGE, rue de Flandre, 130.
LAMBELIN (R.), publiciste, rue Saint Dominique, 30.
LANDRIN, rue des Prairies, 81.
LAURENT-CÉLY, rue de Provence, 59.
LE MENUET (F.), rue de Rivoli, 67.
LEVÉE, rue de Rivoli, 176.
LÉVÊQUE, rue du Liégat, 69, à Ivry-sur-Seine.
MARQUEZ, avenue de Clichy, 187.
MARSOULAN, rue de Paris, 90-92, à Charenton.
MENIN, rue de la Station, 4, à Courbevoie.
MERY (G.), homme de lettres, r. Tour-d'Auvergne, 44.
MITHOUARD (A.), place Saint-François-Xavier, 10.
MOREAU (A.), boulevard Arago, 38.
MOREAU (E.), rue Violet, 39.
MOREL (P.), instituteur, boulevard Diderot, 84.
MOSSOT, rue Lebrun, 11.
NAVARRE, docteur en médecine, av. des Gobelins, 30.
OPPORTUN, rue des Archives 13.
OUDIN (A.), avocat, rue de La Fayette, 18
PANNELIER, avenue du Maine, 76.
PARIS, rue de Flandre, 33.
PATENNE, rue des Pyrénées, 89.
PIPERAUD, rue de Sévigné, 12.
POIRIER DE NARÇAY, docteur en méd., r d'Alésia, 81.
POIRY, rue des Bergers, 16.
PUGLIESI-CONTI, avocat, avenue de Villiers, 19.
QUENTIN (Maurice), avocat, passage St-Paul, 5.
QUENTIN BAUCHART, avocat, rue François Ier, 31.
QUINTAINNE, propriétaire, rue Ampère, 55.
RANSON, représentant de comm., rue Froidevaux, 6.
RANVIER, rue Camille Desmoulins, 3.
RENDU (A.), docteur en droit, rue de Lille, 36.
ROUSSEL (F.), docteur en droit, r. des Sts-Pères, 11.
ROUSSELLE (H.), rue Hallé, 34.
ROUSSET (C.), éditeur, rue Lafayette, 114.
ROZIER (A.), rue Compans 60.
SAUTON, architecte, place Maubert, 3.
SOHIER, boulevard de Courcelles, 87
SPRONCK (M.), avocat, rue Saint-Dominique, 116.
SQUÉVILLE, avocat, av. Marigny, 22 Fontenay-s.-B.
THOMAS, rue Carnot, 11, au Kremlin-Bicêtre.
TUROT (H.), publiciste, rue d'Orsel, 47 *ter*.
TRÉZEL, rue Ampère, 24.
WEBER (J.), représent. de comm., r. d'Angoulême, 37.

Commune d'Alfortville

DÉPARTEMENT DE LA SEINE — ARRONDISSEMENT DE SCEAUX

15.980 Habitants — 3.639 Electeurs

Superficie : 330 hectares

M. PREUX, Maire

M. GARNIER, 1er Adjoint — M. DUFOUR, 2e Adjoint

CONSEIL MUNICIPAL

(27 Conseillers)

MM. **AUGEARD**, Paul, ingénieur, né en 1843, demeure rue du 14-Juillet, 6.

BERTHIER, Victor-Achille, propriétaire, né en 1834, demeure rue Raspail, 35.

BOGEY, Pierre, marchand de vins en gros, né en 1847, demeure rue des Camélias, 61.

CHAYNES, Augustin-Cyprien, entrepreneur de travaux publics, né en 1861, demeure Chemin de Choisy, 29.

CHEVILLOTTE, Edme, propriétaire, né en 1844, demeure rue de Paris, 54, à Charenton.

DEJARDIN, Virgile, tailleur, né en 1854, demeure rue de Seine, 43.

DROIN, Jean-Auguste, maraîcher, né en 1863, demeure Chemin de Choisy.

DUMONT, Louis-Jean, tapissier, né en 1852, demeure rue Labbé, 41.

DUFOUR, Léonard-Auguste, propriétaire, né en 1852, demeure rue Véron, 143 *ter*.

FOSSATI, Félix, fourreur, né en 1859, demeure rue Amélie, 41.

GALLON, Modeste-Adolphe, piqueur service municipal, né en 1873, demeure rue des Iles, 18.

GARNIER, Erasme-Hector, employé de chemin de fer, né en 1852, demeure rue des Iles, 44.

GREFF, Auguste, employé de la Ville de Paris, né en 1857, demeure rue Blanche, 26.

MM. **GRILLET**, Georges-Arthur, marchand de beurre, né en 1865, demeure rue de Villeneuve, 76.

GUILLAUME, Charles-Léon, comptable né en 1862, demeure rue de Flore, 6.

MANNOURY, Charles-Honoré-Ernest, fabricant de cartonnages, né en 1837, demeure quai d'Alforville, 33.

MARIOTTE, Jérémie-Gustave, représentant de commerce, né en 1831, demeure rue des Marguerites, 36.

MATHERET, Louis-Léon, bijoutier, né en 1844, demeure rue du Parc, 14.

MENNESSIER, Carlos-Firmin, docteur en médecine, né en 1865, demeure rue des Coquelicots, 9.

MEYNET, Paul Gabriel, pharmacien, né en 1829, demeure rue Véron, 18.

PITET, Charles Emile, commis des ponts et chaussées, né en 1862, demeure rue Louis-Blanc, 24.

PREUX, Jean-Baptiste, propriétaire, né en 1836, demeure place de la Mairie, 2.

RIESS, Frédéric, publiciste, né en 1848, demeure rue des Acacias, 44.

ROUILLIER, Victor-Isidore, coloriste, né en 1852, demeure rue Amélie, 14.

THION, Appolinaire-Théodore, fabricant de brosses, né en 1852, demeure rue Pelet, 54.

Situation financière. — *La dette d'Alfortville s'élevait au 31 décembre 1901 à 680.917 francs.*
Recettes du budjet : Recettes ordinaires, 300 857 fr. 12 ; Recettes extraordinaires, 72.716 fr. 69.
Total des recettes : 373.573 fr. 81 — Les dépenses égalent les recettes.
Somme affectée au Bureau de bienfaisance, 6.000 francs.

SECRÉTAIRE DE LA MAIRIE: M. Poyen. — ARCHITECTE DE LA VILLE: M. Rivaud. — AGENT-VOYER: M. Destrebecq. — APPARITEURS: MM. Guérel et Grimault.

OCTROI: M. Moreau. — RECEVEUR MUNICIPAL: M. Lafargue. — CHEF CANTONNIER: M. Briault. — COMMISSAIRE DE POLICE RELEVANT DE CHARENTON: M. Launois. BRIGADIER POUR ALFORTVILLE

DIRECTEURS D'ÉCOLES COMMUNALES DE GARÇONS: MM. Lecomte et Poulbot. — DIRECTRICES D'ÉCOLES COMMUNALES DE JEUNES FILLES: Mmes Fourré et Bayard.

COMMUNE D'ALFORTVILLE

PLAN

HISTORIQUE — ADMINISTRATION

COMMERCE

INDUSTRIES — BIOGRAPHIES

MONOGRAPHIES

COMMUNICATIONS — VUES PHOTOGRAPHIQUES

MONUMENTS

LA MAIRIE. — L'ÉGLISE

LE PONTON DE LA Cie DES BATEAUX PARISIENS

ET LE PONT DU CHEMIN DE FER

UNE VUE DE LA RUE VÉRON

Noms et adresses

de quelques uns de ses notables habitants

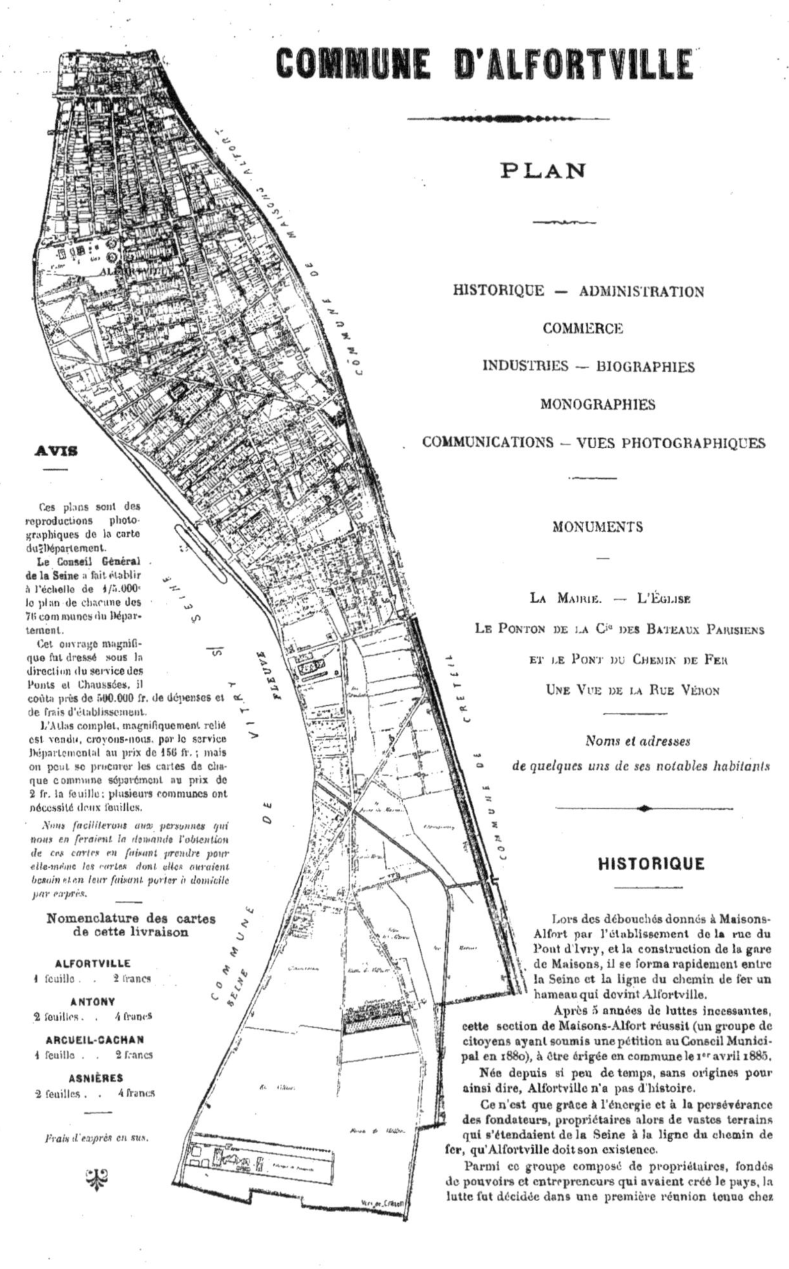

AVIS

Ces plans sont des reproductions photographiques de la carte du Département.

Le Conseil Général de la Seine a fait établir à l'échelle de 1/5.000e le plan de chacune des 76 communes du Département.

Cet ouvrage magnifique fut dressé sous la direction du service des Ponts et Chaussées, il coûta près de 500.000 fr. de dépenses et de frais d'établissement.

L'Atlas complet, magnifiquement relié est vendu, croyons-nous, par le service Départemental au prix de 156 fr. ; mais on peut se procurer les cartes de chaque commune séparément au prix de 2 fr. la feuille ; plusieurs communes ont nécessité deux feuilles.

Nous faciliterons aux personnes qui nous en feraient la demande l'obtention de ces cartes en faisant prendre pour elle-même les cartes dont elles auraient besoin et en leur faisant porter à domicile par exprès.

Nomenclature des cartes de cette livraison

ALFORTVILLE
1 feuille . . 2 francs

ANTONY
2 feuilles . . 4 francs

ARCUEIL-CACHAN
1 feuille . . 2 francs

ASNIÈRES
2 feuilles . . 4 francs

Frais d'exprès en sus.

HISTORIQUE

Lors des débouchés donnés à Maisons-Alfort par l'établissement de la rue du Pont d'Ivry, et la construction de la gare de Maisons, il se forma rapidement entre la Seine et la ligne du chemin de fer un hameau qui devint Alfortville.

Après 5 années de luttes incessantes, cette section de Maisons-Alfort réussit (un groupe de citoyens ayant soumis une pétition au Conseil Municipal en 1880), à être érigée en commune le 1er avril 1885.

Née depuis si peu de temps, sans origines pour ainsi dire, Alfortville n'a pas d'histoire.

Ce n'est que grâce à l'énergie et à la persévérance des fondateurs, propriétaires alors de vastes terrains qui s'étendaient de la Seine à la ligne du chemin de fer, qu'Alfortville doit son existence.

Parmi ce groupe composé de propriétaires, fondés de pouvoirs et entrepreneurs qui avaient créé le pays, la lutte fut décidée dans une première réunion tenue chez

M. Perier, alors restaurateur établi non loin de la poste tenue autrefois par M. Labbé. Malgré les crues de la Seine qui dévastaient ce pays et qui furent quelques fois terribles comme celles de 1876 et de 1880-1881, les fondateurs purent, dans un temps relativement court, faire un lieu habitable de ce vaste marécage.

Payant de leur personne et de leurs deniers pour arriver à leur but, ils opposèrent à l'invasion des eaux l'exhaussement du sol et des anciennes voies et en construisirent de nouvelles formant digues, gagnant ainsi du terrain sur la rivière. On peut encore remarquer que presque tous les jardins, notamment ceux des maisons de la rue Villeneuve et de la rue Véron sont au-dessous du niveau actuel du sol de la rue où passent les tramways.

MAIRIE D'ALFORTVILLE

Dès lors ils furent récompensés de leurs efforts et de leurs peines, nombre d'immigrants vinrent se fixer dans le nouveau pays, et un an après l'érection en commune, c'est-à-dire en 1886 Alfortville comptait, d'après le recensement, 6.603 habitants.

Sa prospérité ne fit que s'accentuer d'année en année, des commerçants et des industriels s'y fixèrent plus nombreux, et au recensement de 1901, Alfortville accusait le chiffre très respectable de 15 980 habitants.

Sillonnée de nombreuses voies très praticables parmi lesquelles la route Nationale, n° 19 de Paris à Bâle, Alfortville laisse cependant encore un peu à désirer comme communications directes et rapides avec Paris. (7 kilomètres de la Mairie au parvis Notre-Dame); ses moyens de transport comprennent la ligne de chemin de fer de Paris à Lyon (station à cheval sur le territoire de Maisons-Alfort et d'Alfortville, qui met cette commune à quelques instants de la gare de Lyon, malheureusement les trains, surtout à de certaines heures, ne sont pas assez rapprochés); les bateaux-parisiens, nous donnons une vue du ponton débarcadère de ce moyen de transport. Placé à l'extrémité nord-ouest d'Alfortville il ne rend pas non plus aux habitants de la commune tous les services que l'on pourrait en attendre, malgré la modicité du prix qui, pour 10 centimes permet aux Alfortvillais de se rendre jusqu'à Auteuil, c'est-à dire à l'autre extrémité de Paris ; et la ligne de tramways Concorde-Bonneuil. Ce dernier toutefois ne pénétrant pas directement jusqu'à la mairie sans transbordement est une cause d'ennuis qui, nous le pensons, sera prochainement abolie par l'installation d'une ligne directe.

LA MARNE. — LE PONTON DES BATEAUX-OMNIBUS
LE PONT DU CHEMIN DE FER ET LE PONT DE CHARENTON A ALFORTVILLE
VUE PRISE DU PIED DE LA PASSERELLE ALLANT A CHARENTON

Les services de l'eau et de l'éclairage sont assurés le premier par la Compagnie Générale des eaux, en vertu d'un traité passé entre la Ville et cette Compagnie le 7 juillet 1856 avec une durée de concession de 50 ans, le deuxième par la Compagnie Parisienne du Gaz, par un traité passé le 5 juin de la même année et expirant le 31 décembre 1905.

La Compagnie électrique l'Est-lumière a dernièrement été admise à participer à l'éclairage public sur le refus qu'avait opposé, croyons-nous, la Compagnie du gaz à étendre ses canalisations aux voies nouvelles — la dépense communale pour l'éclairage est de 8 000 fr. pour le gaz et 1.500 fr. environ pour l'électricité.

Une décision ministérielle du 19 novembre 1881 y créa une recette simple des postes de 4e classe, et une autre décision ministérielle y annexa le bureau télégraphique.

Une première ligne téléphonique, destinée à relier Alfortville au réseau de Paris, fut autorisée par arrêté préfectoral en date du 4 août 1890.

Un autre arrêté préfectoral du 9 septembre 1882 avait autorisé la création d'un marché couvert qui se tenait alors deux fois par semaine, et est ouvert aujourd'hui les dimanche, mardi, mercredi et samedi de chaque semaine. (Ce marché est alimenté par des comestibles : poissons, volailles, gibier, viande, épicerie, beurre, œufs, fromage, légumes et fruits, ainsi que par divers articles de bonneterie, lingerie, etc.)

FLÈCHE DE L'ÉGLISE D'ALFORTVILLE

Un arrêté préfectoral créait également, le 8 décembre 1885, une subdivision de sapeurs pompiers à Alfortville, d'un effectif de 23 hommes cadres compris.

Malgré tous ses efforts la commune n'a encore pu obtenir la création d'une brigade de gendarmerie, elle est donc desservie par celle de Maisons-Alfort et pour la police locale elle relève du commissariat de police de Charenton.

La fête locale a été fixée, par décision du Conseil municipal, au deuxième dimanche après le 14 juillet, elle se tient place de la Mairie.

On peut se rendre compte par la carte d'Alfortville que la moitié à peu près du sol est encore en état de culture.

Les productions du sol consistent en céréales, fourrages et

légumineuses. La culture maraîchère a acquis une grande importance depuis quelques années.

Une commune aussi neuve ne possède pas encore de grands monuments, à noter toutefois la mairie, qui a coûté 110.000 fr. environ, et l'église construite avec les dons de particuliers.

La flèche élancée de cette dernière se distingue de fort loin et fait, pour les nombreux voyageurs des rapides du Paris-Lyon-Méditerannée qui en aperçoivent la silhouette aigüe, concevoir un monument d'une importance plus considérable.

Par la photographie agrandie d'un cliché de la *maison Gautrot* d'Ivry, éditeur. Royer et Cie, imprimeurs à Nancy, nous donnons la vue de la rue Véron, l'une des plus commerçantes de cette ville.

Nous pensons pour l'édition suivante donner aux lecteurs du *Monument national* quelques monographies d'établissements industriels et commerciaux prospères établis depuis plusieurs années sur le territoire d'Alfortville ainsi que les portraits de quelques-uns de ses notables habitants, conseillers municipaux, maires et adjoints — regrettant pour aujourd hui que la modestie bien connue de M. Preux, maire d'Alfortville, nous prive du plaisir de donner cette satisfaction (au moins en ce qui le concerne) à ses nombreux administrés. Espérons qu'aux élections de mai 1904 ils ne lui feront pas un grief de ce manque de déférence au corps électoral d'Alfortville.

Parmi les plus importants de ces citoyens nous nous contenterons aujourd'hui d'en citer quelques-uns.

M. PREUX (Paul), architecte, rue des Écoles, 24.

M. DAUNOT, architecte, rue d'Éterville 25.

M. LEBENARD, industriel (caoutchouc), rue d'Eterville, 90.

M. CAPDEVILLE, ✠, docteur-médecin, conseiller d'arrondissement, rue Pasteur, 6.

M. CHEVALIER O. ✠, docteur-médecin rue Boulay, 6.

M. HELOUIN 3 place de la Mairie.

M. MARQUOT, entrepreneur de maçonnerie, rue Véron, 95.

M. CHEVISON, matériaux de construction, rue du Pont-d'Ivry, 2.

M. GRIVOTET, constructeur-mécanicien, rue Victor-Hugo, 73.

M. DANRÉ, entrepreneur, rue de Villeneuve, 189.

M. DANRÉ frères, entrepreneurs de menuiserie, rue Victor-Hugo, 28.

M. BREUIL, minotier, boulevard Carnot, 2 et 4.

M. CHAMARANDE, nikeleur, rue des Écoles, 2.

M. BARRET, entrepreneur de peinture, rue Véron, 108.

M. ÉTIENNE, pharmacien, rue de Villeneuve, 93.

M. TREFAULT, pharmacien, rue de Villeneuve, 177.

M. TREFEU, pharmacien, rue de Villeneuve, 220.

M. BOUCHON-MAZEROT, pharmacien, rue Véron, 88.

M. HARIOT, entrepreneur de serrurerie, rue Victor-Hugo, 38.

LA RUE VÉRON A ALFORTVILLE

Les vues photographiques d'Alfortville sont reproduites d'après les photographies de M. Gautrot, éditeur à Ivry, imprimées par MM. Royer et Cie, de Nancy

Commune d'Antony

DÉPARTEMENT DE LA SEINE — ARRONDISSEMENT DE SCEAUX

3.068 Habitants — 680 Électeurs

Superficie : 959 hectares

M L. LANGLOIS, Maire

M. BRÉAUTÉ, Adjoint

CONSEIL MUNICIPAL

(16 Conseillers)

MM. **BARRERE**, Louis-Simon, représentant de commerce, né en 1858, demeure route d'Orléans.

BORDIER, François-Joseph, propriétaire, né en 1857, demeure rue de l'Abbaye, 3

BOUCHER, Charles Eugène, cultivateur, né en 1861, demeure rue de Châtenay, 4.

BRÉAUTÉ, Alphonse, marchand de vins en gros, né en 1864, demeure route de Versailles, 8.

CHAMART, Théodore-Joseph, employé, né en 1843, demeure Villa de la Providence, 12.

DORMOIS, Alphonse, négociant en produits chimiques, né en 1852, demeure rue de la Mairie.

DUPRESSOIR, Louis-Auguste, cultivateur, né en 1838, demeure rue de Berny.

FRAGIN, Eucher, blanchisseur, né en 1857, demeure route de Fresnes.

MM. **GACON**, Pierre Emile, employé, né en 1847, demeure rue des Champs, 4.

GARCIN, Eugène André, professeur, né en 1831, demeure Villa de la Providence, 3.

LANGLOIS, Louis Jean Prudent, propriétaire, né en 1845, demeure rue de la Mairie, à Antony, et 56 *bis*, route d'Orléans, à Montrouge.

LANGLOIS, Ernest, cultivateur, né en 1863, demeure rue de Verrières, 43.

LEGAIGNEUR, Lucien Emile, cultivateur, né en 1864, route d'Orléans, 54.

LIVIO, Auguste-Etienne-René, propriétaire, né en 1855, demeure boulevard Muret, 33.

NICOU, Louis-Jean-Michel, cultivateur, né en 1837, demeure rue de Châtenay, 18.

La Commune n'affecte aucune somme au Bureau de bienfaisance, autre que le produit de quêtes annuelles.

SECRÉTAIRE DE MAIRIE	AGENT VOYER COMMUNAL	COMMISSAIRE DE POLICE	AGENT A ANTONY
M. Née.	M. Launay.	M. Simare, à Sceaux.	M. Godot.

HISTORIQUE

Agriculture — Commerce — Industrie

L'origine d'Antony remonte à l'époque gallo-romaine, (IIIe ou IVe siècle de notre ère). Ce pays s'appelait alors *Antoniacum* nom qu'il dut d'*Antonia* ou *Antonius*, un gallo-romain sans doute, et d'*Acum*, signifiant terre, sa possession.

Le premier fait historique dont il est fait mention remonte à l'an 829, il relate l'attribution d'Antony et de sa chapelle aux religieux de l'Abbaye de St-Germain des-Prés à la suite d'un partage de biens.

Cette église offre encore aujourd'hui, malgré les nombreuses modifications qu'elle a subies, la caractéristique du style gothique et de l'architecture romane.

Les *serfs* d'Antony ne furent affranchis qu'en 1248 par l'abbé Thomas de Mauléon, qui ne put résister au grand mouvement d'émancipation qui agitait alors les campagnes, et encore ce bénéfice ne leur fut-il accordé qu'en échange de taxes et obligations très lourdes qu'ils supportèrent et durent acquitter jusqu'à la Révolution de 1789.

L'ÉGLISE D'ANTONY
D'après une photographie de M. Bréger frères

Pendant les XIVe et XVe siècles Antony n'offre aucun intérêt historique bien saillant. En 1545, François Ier accorde au village le droit de tenir une foire deux fois par an. (Ces deux foires sont remplacées aujourd hui par deux fêtes locales, l'une a lieu le deuxième dimanche de mai et l'autre le deuxième dimanche d'août) et un marché le jeudi de chaque semaine. Ce marché a lieu maintenant le dimanche également.

Vers 1711 la manufacture royale de cire qui fonctionna presque jusqu'à nos jours fut créée et constitua avec les plâtrières et la

ANTONY — PARTIE NORD

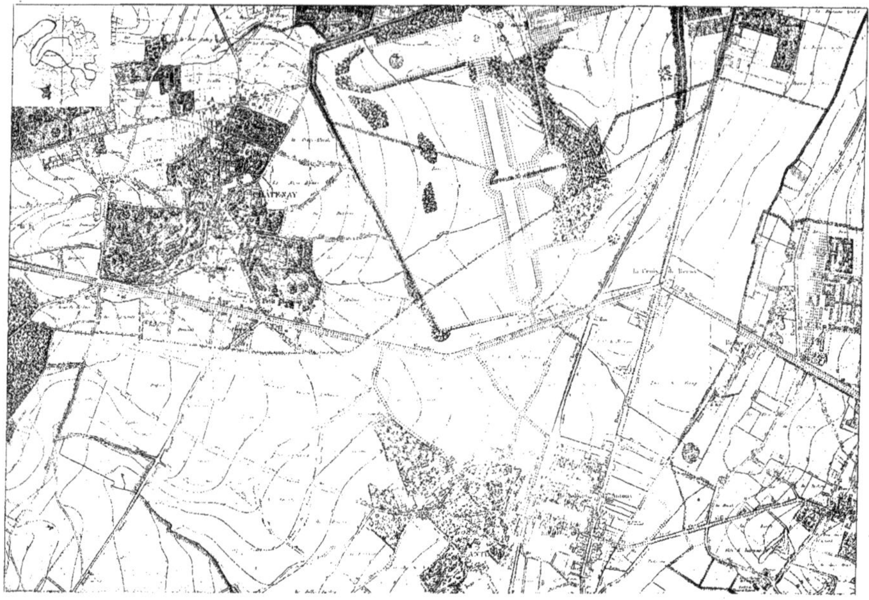

PLAN DE LA COMMUNE D'ANTONY

d'après la réduction photographique de la Carte départementale éditée par les soins du Conseil général de la Seine, sous la direction du Service des Ponts et Chaussées

culture de la terre les plus grandes ressources du pays.

En 1787, Necker ayant institué les assemblées municipales Antony nomme le 19 août de la même année un syndic et six membres qui composèrent la première assemblée de ce genre.

En juillet 1794 (Messidor an II) la municipalité élabore deux règlements, l'un pour la police intérieure, l'autre pour la surveillance des champs.

Rue de la Mairie. ANTONY — VUE DES DEUX PRINCIPALES RUES. *Route d'Orléans.*

Antony, commune du canton et de l'arrondissement de Sceaux eut son affectation actuelle définie par la constitution de l'an VIII et le premier arrêté préfectoral nommant en cette commune un *Conseil Municipal* fut pris en date du 11 Messidor, an VIII (30 juin 1800).

L'année terrible a laissé à Antony de néfastes souvenirs et à peine son sol était-il affranchi de la lourde botte de l'envahisseur que le pays vit se dérouler les horreurs de la guerre civile. Les dégâts furent considérables et Antony ne se releva complètement de ces fléaux que longtemps après.

Son activité industrielle et commerciale nécessita pourtant des débouchés, et le 25 mars 1893 la section de Paris à Antony du Chemin de fer sur route de Paris à Arpajon était ouverte. L'année suivante, le 30 octobre, un service de nuit permit de transporter aux Halles, par convois spéciaux, les produits de la Commune.

ANTONY — LA BIÈVRE.

M. Langlois, (Louis-Jean-Prudent), maire actuel, fut élu une première fois le 1er juin 1890, — réélu le 15 mai 1892 — membre du conseil municipal de 1896 à 1900 et réélu de nouveau maire le 6 mai 1900, il apporte à l'administration de la commune un dévoûment incessant; parmi ses principaux administrés, exerçant un commerce ou une industrie importante, il y a lieu de citer MM. Villenfin et Schaffhauser.

Fondée en 1848 l'institution de jeunes gens dirigée par M. Villenfin (successeur de MM. Lennuyer et Eymonot) répond au désir des familles qui cherchent pour leurs enfants une bonne maison d'éducation située à la campagne, non loin de Paris (8 kil. de la porte de Montrouge ; tramway d'Arpajon au Luxembourg et chemin de fer de Sceaux ; à proximité du bois de Verrières loin de toute usine elle est entourée de magnifiques promenades.

L'institution donne à ses élèves l'enseignement primaire élémentaire, l'enseignement primaire supérieur, commercial et professionnel ; prépare aux écoles des arts et métiers (ateliers pour le travail du fer), arts d'agréments, langues vivantes.

Reçoit des externes, pensionnaires et demi-pensionnaires à des prix très modérés.

ANTONY — ROUTE DE VERSAILLES. — LA CROIX DE BERNY.
(Haras de M. Schaffhauser).

M. A. Schaffhauser, établi à la Croix de Berny au carrefour des routes d'Orléans et de Choisy-le-Roi (nous en donnons une vue photographique plus haut) possède le Haras de la Croix de Berny qui est installé avec tout le confort moderne

Cent boxes et de vastes prairies en dépendent et les propriétaires trouveront une excellente pension pour leurs chevaux.

Les soins que reçoivent les chevaux confiés à M. Schaffhauser ont mérité au Haras de la Croix de Berny une clientèle nombreuse et une réputation bien acquise

Vues reproduites d'après les photographies de MM. Bréger frères, 9, rue Thénard, Paris

LE MONUMENT NATIONAL

Commune d'Arcueil-Cachan

DÉPARTEMENT DE LA SEINE — ARRONDISSEMENT DE SCEAUX

8.425 Habitants — 1.858 Electeurs

Superficie : 464 hectares

M. VEYSSIERE

Maire

M. RAYNAL

Adjoint

MAIRIE D'ARCUEIL-CACHAN

CONSEIL MUNICIPAL

(23 Conseillers)

MM. **BARTHELEMY**, Tranquille Eugène, plumassier, né en 1849, demeure rue du Docteur Gosselin, 3.

BÉTANCOURT, Auguste-Clément, blanchisseur, né en 1854, demeure rue Etienne Dolet, 2.

BOUDESOUS, Alphonse Benoît, rentier, né en 1840, demeure rue de l'Aqueduc, 18.

BOURLOUD, Jean, tonnelier, né en 1862, demeure avenue Laplace, 23.

CHEVANNE, Auguste Léon, blanchisseur, né en 1865, demeure rue Etienne-Dolet, 36.

DAVID, Henri, industriel, né en 1855, demeure rue de la Fontaine, 7.

DUBOIS, Germain-Honoré, blanchisseur, né en 1848, demeure rue Camille Desmoulins, 40.

DUBRUILLE, Clément, fondeur en cuivre, né en 1862, demeure rue du Docteur Gosselin, 40.

DULMO, Lucien, ferblantier, né en 1861, demeure rue Cauchy, 23.

DURAND, Antoine-Arthur, docteur en médecine, né en 1845, demeure rue Emile Raspail, 23.

GAMBEY, Raoul Edouard, employé de commerce, né en 1852, demeure avenue Laplace, 6.

MM. **GOUSSAUT**, Louis-Hippolyte, blanchisseur, né en 1867, demeure rue Etienne-Dolet, 36.

HOGUE, Victor François, entrepreneur de peinture, né en 1839, demeure rue Emile Raspail, 73.

LEMASSON, Léon Auguste, mécanicien, né en 1854, demeure avenue des Lumières, 21.

MAUGER, François Félix, jardinier, né en 1831, demeure rue Camille Desmoulins, 40.

PLANET, Joseph, apprêteur d'étoffes, né en 1862, demeure rue Emile Raspail, 41.

POËNSIN, Paul-Joseph, mercier, né en 1852, demeure rue Emile-Raspail, 41.

RAYNAL, Jules-Edouard, clerc d'huissier, né en 1859, demeure rue Guichard, 2.

SCHAEFER, Wilhelm, blanchisseur, né en 1863, demeure rue Etienne-Dolet, 45.

TRAGIT, Vincent-Auguste, livreur, né en 1873, demeure rue Emile Raspail, 64.

VEYSSIÈRE, Louis-Grégoire, boulanger, né en 1852, demeure rue Cauchy, 19.

Situation financière.

Recettes du budjet en 1903 : Recettes ordinaires, 160.397 fr. 05 ; Recettes extraordinaires, 31.036 fr. 39.
Total des recettes : 191.433 fr. 44. — Les dépenses égalent les recettes.
Somme affectée au Bureau de bienfaisance, 2.500 francs.
Frais d'éclairage public, 6.500 fr. pour le gaz (Cie Parisienne), *et 13 à 1.500 fr. pour l'électricité* (Est-Lumière)

SECRÉTAIRE DE LA MAIRIE	ARCHITECTE-VOYER COMMUNAL	COMMISSAIRE DE POLICE (DE GENTILLY)
M. CARRIER.	M. CHAUDESAYGUES.	M. SIMON
DIRECTEUR DE L'ÉCOLE PRIMAIRE DE GARÇONS	DIRECTRICES DE L'ÉCOLE PRIMAIRE DE JEUNES FILLES	DIRECTRICE DE L'ÉCOLE MATERNELLE
M. GARNIER.	Mme LACAGE et CHARVIER.	Mlle FOUACHE

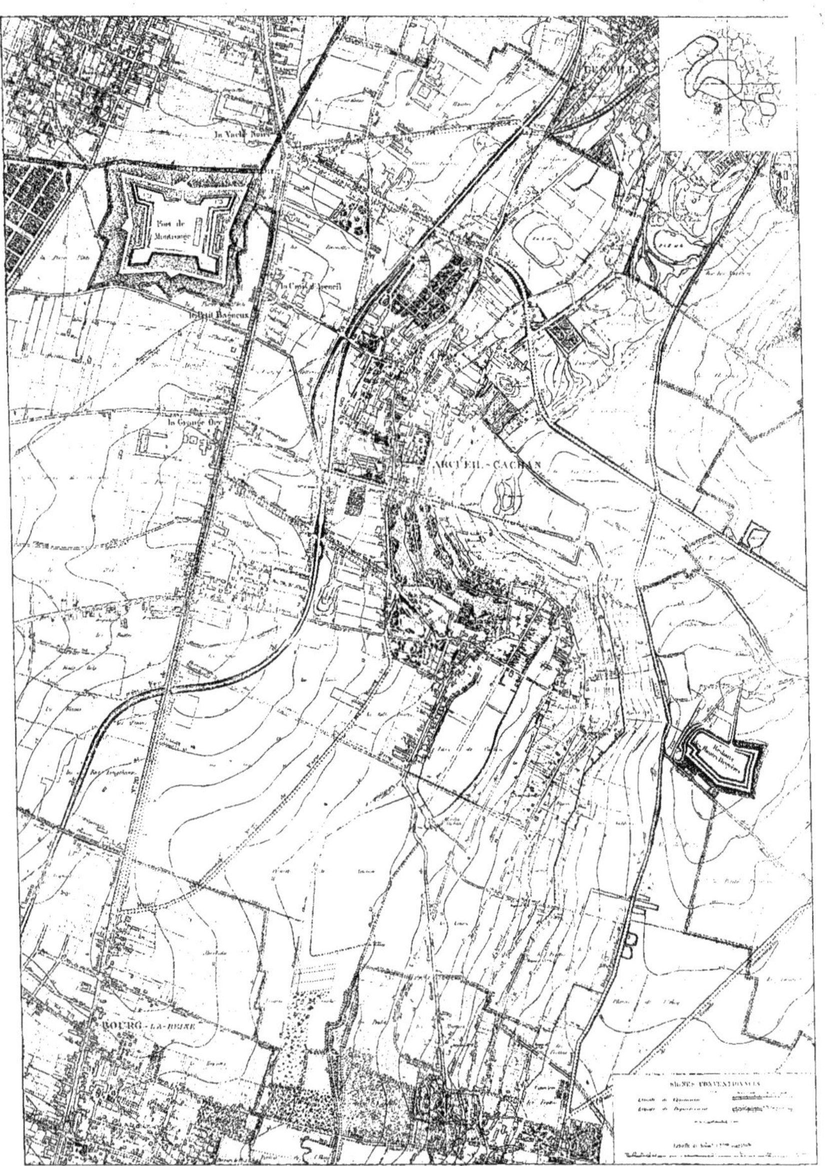

PLAN DE LA COMMUNE D'ARCUEIL-CACHAN

Réduction photographique de la carte du département

éditée par les soins du Conseil Général de la Seine sous la direction du service des Ponts et Chaussées

COMMUNE D'ARCUEIL-CACHAN

Historique - Commerce - Industrie - Monographies - Biographies

Archeilus-Arcoïlum ou Arcoleum, noms employés dans les actes anciens font remonter l'origine d'Arcueil-Cachan à l'époque gallo-romaine.

Quelques ruines d'*arcades* gallo romaines existent encore et confirment son origine.

Cachan semble avoir été la première dénomination du pays car on trouve cette appellation dès le IXe siècle tandis que les premiers documents sur Arcueil ne datent que de 1119.

Parmi les familles illustres qui ont habité Arcueil, nous mentionnerons celle des *Guise* (1691) qui y possédait un château magnifique, occupé aujourd'hui par M. Jules Caron, industriel dont nous parlons plus loin.

Celles de deux savants : *Berthollet*, qui fut maire, et *Laplace* dont la mémoire est perpétuée par leurs noms donnés à deux rues actuelles.

Les *Raspail* dont le chef, François-Vincent Raspail, député des Bouches-du-Rhône, mort en 1878, illustra la famille, ses fils Emile et Benjamin François Raspail qui furent, le premier maire d'Arcueil de 1878 à 1887 et le second député de la Seine, mort en 1900, et qui institua la commune sa légataire universelle.

Le fameux aqueduc construit en 1612 pour l'alimentation du Palais du Luxembourg est un ouvrage remarquable, il s'élève sur l'emplacement de l'ancien qui alimentait le palais des Thermes. Les travaux furent menés très activement car la première pierre fut posée par le roi le 15 juillet 1613 et en 1617 ils étaient pour ainsi dire complètement terminés.

VUES GÉNÉRALES D'ARCUEIL ET DE L'AQUEDUC

Le 8 janvier 1649 pendant la Fronde un ordre, qui heureusement ne fut pas exécuté, grâce aux troubles précisément, était donné aux autorités de démolir l'aqueduc ou tout au moins de le rendre impraticable dans les 24 heures.

1870 et 1871 ont laissé à Arcueil - Cachan les pénibles souvenirs du bombardement et de la guerre civile. Pendant celle-ci, une vingtaine de Dominicains pris comme ôtages furent rendus responsables des horreurs de la lutte par l'armée parisienne et fusillés en masse le 25 mai vers la barrière d'Italie.

Autrefois Arcueil était planté de quelques bons vignobles qui disparurent un à un et possédait de nombreuses carrières dont un grand nombre sont encore en exploitation aujourd'hui.

Les anciennes dont on a abandonné l'exploitation sont affectées à de vastes champignonnières.

La culture maraîchère qui y est très développée et très prospère constitue avec l'exploitation des carrières et champignonnières les principales ressources du pays

L'AQUEDUC

L'ÉGLISE

Arcueil-Cachan a assuré la fourniture de l'eau qui lui est nécessaire par un traité passé avec la Compagnie générale des eaux pour une période de 30 années à partir du 13 mars 1895.

Le gaz nécessaire à l'éclairage est délivré par la Compagnie Parisienne du gaz par un traité passé entre celle-ci et la commune le 4 août 1865 pour prendre fin le 31 décembre 1905.

INTÉRIEUR DE L'ÉGLISE

Une brigade de gendarmerie à pied assure la police intérieure concurremment avec le commissariat du Kremlin-Bicêtre duquel dépend la commune.

L'origine de la poste remonte au premier septembre 1841, date de la création du premier bureau, à partir de 1864, Arcueil-Cachan reçut les communications télégraphiques et en 1892 une cabine téléphonique était installée à Cachan.

La subdivision de sapeurs pompiers comprend un effectif de 32 hommes avec les cadres

Un marché couvert par des abris mobiles a lieu deux fois par semaines, le jeudi et le dimanche. Il se tient en face de la Mairie et sa création date de 1879

Deux fêtes locales ont lieu chaque année, l'une le premier dimanche d'avril, pour Cachan, l'autre le deuxième dimanche d'août pour Arcueil.

Comme industries principales nous citerons la fabrique d'amidon : *Chausson Odend'hal*, avenue Laplace, 26, la fabrique de capsules métalliques pour bouchage de bouteilles :

LA RIVIÈRE DE BIÈVRE A ARCUEIL

Ste Marie-Dupré fils, avenue F.-V.-Raspail 50, la grande distillerie syndicale de l'alimentation parisienne, *Société anonyme*, avenue Laplace 33.

La rivière de Bièvre qui traverse cette commune de part en part a donné la facilité à une nombreuse population de blanchisseurs de s'y établir, on n'en compte pas moins de 130, occupant un grand nombre d'ouvriers.

Il faut citer dans le même genre, une importante usine d'apprêts et tentures sur étoffes établie dans les dépendances du Château des Guise (dont nous avons parlé plus haut). Le château sert actuellement de demeure au propriétaire de l'usine, M. Jules Caron. (*V. à ce sujet notre page annexe des industriels*).

Les communications directes entre Paris et Arcueil-Cachan (distance 7 kilom. du parvis Notre-Dame à la mairie) sont :

1° la ligne de chemin de fer de Paris à Sceaux et à Limours qui a deux stations sur le territoire de la commune, l'une dénommée gare d'Arcueil-Cachan et l'autre halte de Laplace.

2° Le chemin de fer sur route de Paris à Arpajon.

VUE GÉNÉRALE D'ARCUEIL PRISE DE LA ROUTE DE PARIS A TOULOUSE

Vues photographiques reproduites d'après les clichés de la Maison A. Breger frères, 9, rue Thénard, Paris et M. Corsault, éditeur à Arcueil.

Commune d'Asnières

DÉPARTEMENT DE LA SEINE — ARRONDISSEMENT DE ST-DENIS

31.336 Habitants — 6.882 Electeurs
Superficie : 477 hectares

M. LEFEVRE, Maire

M. TOPIN, 1er Adjoint — **M. WALTER**, 2e Adjoint

CONSEIL MUNICIPAL

(30 Conseillers)

MM. **BAZIN**, Joseph Georges, architecte, né à Paris, demeure rue de Paris, 8.

BINECHER, Marius-Alfred, employé au P.-L.-M., né à Charleville (Ardennes), demeure rue de la Station, 2.

BIRETTE, Louis-Auguste, marchand de vins, né à Fermanville (Manche), demeure avenue Péreire, 130.

BOUSREZ, Jules Ferdinand, rentier, né en 1849, à Orléansville (Algérie), demeure rue Franklin, 40.

BRICON, Emile-Alfred-Frédéric, propriétaire, né en 1858, à Vimory (Loiret), demeure rue Pierre-Joigneaux, 3.

CERVONI, Albert, secrétaire de l'Ecole spéciale d'architecture, né à Rennes, demeure rue du Conseil, 33.

CHEIZE, Baptiste, propriétaire, né en 1846, à Treignac (Corrèze), demeure rue de Chanzy, 2.

COUSTEIX, Alphonse, architecte, né en 1865, à Paris, demeure rue Rabelais, 24.

DESCHAMPS, Georges-Félix, boucher, né à Boulogne (Seine), demeure Grande-Rue, 20.

FAUCLON, Henri, rentier, né au Hâvre, demeure rue de Paris, 60.

FONTAINE, Hector, Préfet des Études à l'École commerciale, né à Gratibus (Somme), demeure avenue la Lauzière, 14.

FRANÇOIS, Nicolas, boucher, né en 1866, à Crusnes (Meurthe-et-Moselle), demeure quai d'Asnières, 41.

MM. **JABIOT**, Edouard-Charles, chef de bureau aux Messageries Maritimes, né à Paris, demeure rue Jean-Jacques-Rousseau, 3.

LEFÈVRE, Jules-Alcide-Victor, chef de bureau, né à Épernay (Marne), demeure rue Montesquieu, 44.

MARCHAND, Joseph-Charles-Constant, architecte, né à Mignollard (Jura), demeure avenue Chevreuil, 27.

MARION, Claude-Jules-Paul, propriétaire, né en 1853, à Paris, demeure rue de la Station, 2.

MARTIN, Louis-Emile-Alexandre, marchand de comestibles, né en 1856, à Paris, demeure rue de la Station, 12.

MAYET, Auguste, Architecte, né en 1864, à Beaulieu (Indre), demeure rue de la Concorde, 18.

MONTÉRAN, Raphaël-Valentin, commis de banque, né à Paris, demeure rue de la Comète, 23.

RIGAUD, François-Henri, entrepreneur, de maçonnerie, né à Naillat (Creuse), demeure avenue Faidherbe, 10.

ROCHE, Louis-Hippolyte, propriétaire, né à Saint-Marcelin (Isère), demeure Grande-Rue, 26.

ROUSSEAU, Charles-Amédée, négociant, né à Paris, demeure avenue d'Argenteuil, 147.

SALVETTI, Antoine-Pascal, homme de lettres, né en 1867, à Félicetto (Corse), demeure rue de Nanterre, 61.

TOPIN, François, rentier, né à Aix (Bouches-du-Rhône) demeure rue Denis Papin, 10.

WALTER, Paul-Virgile, négociant, né à Rouen, demeure rue de l'Union, 43.

Situation financière. — *La dette d'Asnières s'élevait au 31 décembre 1901 à 1.835.150 francs.*
Recettes du budjet : Recettes ordinaires, 767.105 francs ; Recettes extraordinaires, 165.764 francs.
Dépenses ordinaires et extraordinaires : 932.870 francs.
Somme affecté à l'Assistance publique, plus de 110.000 francs, cette somme comprend toutes les dépenses qui relèvent de cette classification.

SECRÉTAIRE DE LA MAIRIE	ARCHITECTE DE LA VILLE	RECEVEUR MUNICIPAL	COMMISSAIRE DE POLICE
M. Charles Guérin O.	M. Auberson.	M. Fouquaire.	M. Coste.

COMMUNE D'ASNIÈRES

Réduction photographique de la carte du département

Exécutée par les soins du Conseil Général de la Seine sous la direction du service des Ponts et Chaussées

COMMUNE D'ASNIÈRES

Historique – Biographie – Commerce et Industrie

HISTORIQUE

Ancienne communauté de la généralité et d'élection de Paris : Asnières fut de 1787 à 1790 une municipalité du département de Saint-Germain et de l'arrondissement d'Argenteuil.

De 1790 à l'an IX, elle devient commune du district de Saint-Denis (supprimé par la Constitution de l'an III) et du canton de Colombes.

Puis de l'an IX à 1893, commune de l'arrondissement de Saint-Denis et du canton dont le chef-lieu primitivement fixé à Nanterre fut transféré à Courbevoie en 1829.

Enfin, actuellement, en vertu de la loi du 12 avril 1893 ; Asnières est chef-lieu de canton de l'arrondissement de Saint Denis.

La plus ancienne mention que fournissent d'Asnières, les documents d'archives, ne date que du douzième siècle ; mais, il y a des preuves que le village existait bien avant.

Au mois de janvier 1752, des terrassiers occupés à creuser les fondations du château d'Argenson découvrirent des squelettes et des objets dignes d'attirer l'attention des archéologues.

Une bulle de 1158 du pape Adrien IV, citée par l'abbé Lebeuf, est le premier document écrit où il soit question d'Asnières, elle a pour objet de confirmer au chapitre de Saint-Marcel les biens que cette église y possédait et le droit d'en nommer les curés.

L'église collégiale de Saint-Marcel, à laquelle un quartier méridional de Paris doit son nom, existait au moins dès le neuvième siècle et eut dès lors beaucoup de possessions territoriales autour de Paris ; notamment à Asnières, où, elle conserva jusqu'à la Révolution le privilège que nous venons de dire. C'est pourquoi dans son cahier de doléances aux États-Généraux de 1789, Asnières est dit encore Asnières-Saint-Marcel.

En 1248, Guillaume de Macouris, abbé de Saint-Denis, accordait aux habitants d'Asnières une charte d'affranchissement.

ANNALES ADMINISTRATIVES

Comme assistance publique, on constate à partir de l'an IX, l'existence du bureau de bienfaisance. Une société de secours mutuels est créée en 1855 ; tandis que le Fourneau municipal est reconnu d'utilité publique à la suite des rigueurs de l'hiver 1879-1880.

La maison de retraite dite « Asile Marie-Elisabeth » destinée à recevoir 16 femmes date de 1889. En 1843, les voies publiques reçoivent l'éclairage, six réverbères allumés six mois de l'année doivent y suffire. Enfin le 14 février 1863, la ville passe un traité avec la Compagnie parisienne du gaz. Jusqu'en 1844 le service de la poste aux lettres se fait par Neuilly. En 1874, fonctionne le premier commissariat de police.

Asnières est une des localités du département qui ont été le plus tôt desservies par un chemin de fer. Elle fut en effet la première station de la première ligne de chemins de fer construits dans la région parisienne, celle de Paris à Saint-Germain, ouverte à l'exploitation en août 1837.

Enfin le 1er avril 1870, le 5 novembre 1875, le 28 novembre 1891 et le 5 juin 1896 sont autant d'époques qui virent la création de lignes d'omnibus ou de tramways reliant Paris à Asnières.

MONUMENTS

Mairie. — Jusqu'en 1823, le Conseil municipal se réunissait chez le maire. Quelques temps après la mairie fut intallée dans une maison de modeste apparence qui servait de presbytère ; puis elle fut transférée dans une maison d'école en 1849.

En 1875 la commune acquit moyennant 202.000 francs la propriété de M. Vanin de Courville, ancien magistrat décédé, et transforma en mairie l'habitation.

Enfin il fut décidé en 1894 qu'un édifice plus monumental s'imposait et le 15 octobre 1899 la municipalité d'Asnières inaugurait la superbe mairie œuvre architecturale due à Emmanuel Garnier

Église. — La première église d'Asnières date du douzième siècle, au seizième siècle cet édifice dut faire place à un autre qui fut édifié en 1541 par l'évêque de Sebaste ainsi que le cimetière.

Ponts. — Plusieurs ponts relient Asnières à la rive droite de la Seine. Le plus ancien, celui qui met en communication Paris et Argenteuil, date de 1826; détruit pendant la guerre franco-allemande il fut reconstruit en 1874.

Le pont de Clichy a été construit en 1869.

Le chemin de fer traverse la Seine sur le pont dont nous donnons ci-dessous une vue Prochainement des travaux nécessités par l'établissement d'une voie double portera à six le nombre de voies qui seront établies.

LE PONT DU CHEMIN DE FER A ASNIÈRES

Signalons en passant l'importance absolument exceptionnelle de gare d'Asnières avec ses nombreuses bifurcations vers Versailles et la Bretagne, Mantes et la Normandie, Pontoise, Dieppe et l'Angleterre, Saint Germain, etc.

Le roulement des trains sur le pont et le passage des centaines de trains est incessant et a nécessité pour cette gare un système de passages que l'on chercherait en vain ailleurs ce qui en fait pour le voyageur novice des multiples escaliers et alternances de passages de trains un véritable labyrinthedans lequel il est tout d'abord un peu ahuri et trouve avec peine l'escalier qui doit le conduire au quai de départ.

La surélévation de la voie au dessus du sol a nécessité au dessus de la gare deux espèces de tunels très courts pour le passage de la route d'Asnières à Courbevoie, nous en donnons une vue ci dessous.

VOUTES DU CHEMIN DE FER

La première voûte est le passage des voies des lignes de Normandie, Dieppe. Le Hâvre, Cherbourg, la seconde la plus éloignée est la ligne de Versailles et la Bretagne.

Entre les deux voûtes s'élance une des plus belles et vastes constructions d'Asnières. Les nombreux appartements de cet immeuble de rapport jouissent d'une vue splendide et des dis tractions nombreuses que procurent les fréquents passages et stationnements de trains.

En dehors des deux monuments dont il a été fait mention, Asnières en possède peu à noter. Cependant nous pouvons parler de celui élevé à Durand-Claye, le célèbre ingénieur qui préconisa le tout-à l'égout et l'utilisation des eaux vannes pour fertiliser la plaine de Gennevilliers. Cette statue, érigée sur la place Voltaire, fut inaugurée le 27 avril 1894.

Non loin de cette place, dans l'ancienne propriété Thion de la Chaume, aujourd'hui lotie et percée de rues, s'élève une fontaine monumentale construite par M Baillif et surmontée du buste en bronze de Jean-Jacques-Rousseau, dû à une souscription publique et inauguré le 30 mai 1866.

Il y a deux fêtes locales à Asnières.

1° La fête du Printemps qui commence le cinquième dimanche après Pâques et dure deux semaines;

2° La fête d'été qui commence le dernier dimanche de juillet et dure jusqu'au 15 août.

La première se tient place du Gymnase et la seconde quai d'Asnières.

Il n'y a ni foire ni courses de chevaux à Asnières

L'administration de la ville d'Asnières, comporte en dépenses les sommes suivantes se répartissant entre les principaux services comme suit

1° Administration et police	fr.	150.889 44
2° Voirie		337.702 01
3° Bienfaisance		110.735 »
4° Enseignements		155.410 »
5° Dépenses diverses		12.344 57

On remarquera sans doute les sommes importantes affectées sous la rubrique bienfaisance, ce chiffre comprend non seulement les sommes allouées au Bureau de bienfaisance, plus de 26.800 fr. en 1901, mais encore l'abonnement à l'Assistance publique, pour les malades pauvres de la commune, les aliénés, les enfants assistés, les secours aux veuves et orphelins d'ouvriers, secours aux familles des réservistes et de l'armée territoriale, etc., etc.

Les sommes affectées à l'enseignement primaire sont réparties entre les nombreux groupes scolaires de la commune, qui ont nom : Groupe du Centre, groupe Michelet, groupe Voltaire, groupe Flachat, comprenant plus de 3.400 élèves

Il n'est peut être pas inutile de faire remarquer que la ville à l'exemple de ce qui se fait à Paris a inauguré depuis quelques années les voyages scolaires de vacances. Une somme de 2.600 fr. est inscrite au budget de 1903 pour cet usage, nous montrons par la photographie ci-dessous les enfants d'Asnières sous la conduite de M. Topin, premier adjoint lorsqu'ils étaient en 1902 à Mers, 46 garçons et filles firent partie de ce voyage.

Les résultats en furent si satisfaisants que le Conseil municipal décida d'augmenter autant que les ressources le permettraient le nombre des enfants appelés à profiter de ces voyages salutaires.

L'honorable M. Topin qui, lui-même. avait voulu surveiller l'établisssement de cette colonie au bord de la mer était du reste bien dans son rôle de *pater familias* de la commune.

Depuis de nombreuses années, le maire infatigable et dévoué d'Asnières, c'est M. Topin. Qu'il s'agisse de secours à des malheureux, de bienfaisance à exercer, de dons à distribuer, de fêtes à organiser, de surveillances ou d'ordres à donner, c'est toujours M. Topin que l on trouve un des premiers exerçant avec dévouement, bonté et sollicitude le mandat que lui ont confié les électeurs et que le Conseil confirme en le plaçant avec ses collègues, MM. Lefèvre et Walter, à la tête de la direction des affaires communales.

Les moyens de communication d'Asnières avec Paris sont nombreuses par le chemin de fer, 10 minutes suffisent pour être à la gare Saint-Lazare. Les tramways mettent beaucoup plus de temps pour conduire à peu près au même point.

Asnières est reliée avec Saint-Denis et Saint-Cloud par un tramway électrique qui traverse la ville de part en part, passant dans la direction de Saint-Cloud par Courbevoie Puteaux, Suresnes pour aboutir en face l'entrée principale du parc de Saint-Cloud mettant ainsi cette propriété nationale, avec les agréments qu'elle comporte, à moins d'une demi-heure du centre d'Asnières.

Enfin, il est pour les piétons et transports par voitures un moyen de communication avec Clichy et Levallois, c'est le pont d'Asnières dont nous donnons une reproduction photographique ci-dessus.

PONT D'ASNIÈRES

La dernière vue de cette page, plongeant sur une des plus importantes usines placées au bord de la Seine en face Asnières, nous amène à parler de quelques-unes des industries établies sur son territoire.

L'une des plus importantes dont l'avenir, par les services qu'elle est appelée à rendre et le succès ne sauraient faire de doute, mais aussi l'une des plus récemment installées est l'usine électrique de la Compagnie du Triphasé.

Construite en 1900, elle s'étend sur un terrain de plus de 5 hectares, en aval des ponts de Clichy. Son but est de fournir de grandes quantités d'énergie aux sociétés d'éclairage, aux lignes de tramways, aux grandes usines et cela au plus bas prix possible. C'est ainsi par exemple qu'elle fournit à l'usine du Nord Lumière, située à côté d'elle, une quantité d'énergie considérable, que celle-ci distribue ensuite en détail.

VUE DE LA SEINE DU HAUT DU PONT D'ASNIÈRES

L'usine électrique de la Compagnie du Triphasé a été construite sur le plan suivant. Dans la bande de terre située entre le chemin vicinal et la Seine, on a édifié un grand dépôt de charbon, nécessaire pour parer aux interruptions de la navigation ainsi qu'un bâtiment destiné au service des eaux.

De l'autre côté de la route se trouve en bordure un bâtiment contenant les bureaux et deux logements d'employés supérieurs. Derrière s'étend l'usine proprement dite.

Cette usine se divise en deux parties indépendantes de 10 000 kilowatts chacune. En conséquence, les prises d'eau, les conduites d'alimentation, les canaux d'évacuation ont été effectués en double, de telle sorte que, en cas d'accident survenu à une partie quelconque de ces installations, on ait toujours la ressource d'arrêter complètement le fonctionnement d'une partie de l'usine et de travailler avec l'autre. La même préoccupation a fait admettre des groupes de 2.000 kilowatts formés chacun de 2 machines de 1.000 kilowatts, de 8 chaudières et d'une cheminée.

Les divers bâtiments ont été construits en maçonnerie de meulière et de briques, avec ossature métallique.

Les fondations de ces bâtiments avec des terrains de remblai récent, dont la résistance et la cohésion sont encore diminuées par la proximité de la Seine et par l'épandage des eaux d'égout de la Ville de Paris, ont donné lieu à de longs et difficiles travaux.

L'usine possède 80 chaudières formant 10 groupes de 8. Elles sont du type semi-tubulaire avec 2 bouilleurs et sont timbrées à 12 kilogrammes. L'eau d'alimentation passe à travers 20 réchauffeurs Green, soit 1 pour 4 chaudières. Un surchauffeur à petits tubes en acier, sans soudure, est placé en outre dans le circuit de chaque chaudière, allant au réchauffeur dans le but d'élever la vapeur de 180 à 300 degrés. Devant chaque chaudière est une soute à charbon de 2 m. 850 sur 3 m. 400 et de 10 mètres de hauteur, contenant environ 90 tonnes de charbon. Enfin chaque groupe de 8 chaudières possède un réservoir d'eau épurée de 78 mètres cubes.

Les machines motrices à vapeur sont horizontales à 4 cylindres. Le nombre de tours est de 75. Elles produisent chacune 1.000 kilowatts en courant triphasé de 5.000 volts avec 25 périodes et peuvent donner 1.200 kilovatts ampères.

Les machines d'excitation sont au nombre de 4. Ce sont des machines verticales Compound pouvant produire, soit 1.350 ampères de courant continu à 110 volts chacune, soit 150 kilowatts de courant triphasé à 5 000 volts et 25 périodes.

Enfin, on doit signaler un certain nombre de moteurs électriques à courant continu, destinés soit à la charge des bateaux électriques, soit à l'excitation des alternateurs, soit au fonctionnement des diverses machines de servitude. C'est ainsi que se trouve installée dans l'usine une salle de commutateurs où fonctionne une machine de 90 kilowatts.

Nous pouvons encore citer parmi les industries marquantes d'Asnières : une fabrique de produits pharmaceutiques et physiologiques ; une fabrique de plaques et papiers photographiques ; une société anonyme d'électricité ; une fabrique de lampes à incandescence ; une fabrique d'encaustique ; enfin une société anonyme de briques de grès argilo-calcaire.

Les renseignements reproduits dans cet historique abrégé d'Asnières nous ont été pour une bonne partie fournis par l'État des communes à la fin du dix neuvième siècle publié sous les auspices du Conseil général de la Seine. — Les photographies de cette livraison sont tirées des clichés des maisons Gautrot d'Ivry, Corsault d'Arcueil, Bréger de Paris, de notre opérateur spécial ou de nos dessinateurs attitrés.

Le Directeur-Gérant : E. CHAMPION. — Imp. L. LAMBERT, 11, rue Molière

Cap tal : ... I

ENTIÈREMENT VERSÉS

SIÈGE SOCIAL : **Rue Bergère**

SUCCURSALE : **2, place de l'Opéra, Paris**

Président du Conseil d'Administration : M. MERCET O. ✻

Directeur général, Administrateur : M. Alexis ROSTAND O. ✻

OPERATIONS DU COMPTOIR

Bons à échéance fixe, Escompte et Recouvrements, Compte de chèques, Achat et Vente de Monnaies étrangéres, Lettres de Crédit, Ordres de Bourses, Avances sur titres, Chèques, Traites, Envois de Fonds en Province et à l'Étranger, Souscriptions, Garde de Titres, Prêts hypothécaires maritimes, Garantie contre les risques de remboursement au pair, Paiement de Coupons, etc.

AGENCES

BUREAUX DE QUARTIER DANS PARIS

A. 147, boulevard Saint-Germain ;
B. 108, rue de Rivoli ;
C. 23, boulevard Diderot ;
D. 11, rue Rambuteau ;
E. 17, rue de Turbigo ;
F. 21, place de la République ;
G. 24, rue de Flandre ;
H. 2, rue du 4-Septembre ;
I. 80-82, boulevard Magenta ;
K. 92, boulevard Richard-Lenoir ;
L. 86, rue de Clichy ;
M. 87, avenue Kléber ;
N. 35, avenue Mac-Mahon ;
O. 71, boulevard Montparnasse ;
P. 27, faubourg Saint-Antoine ;
R. 53, boulevard Saint-Michel ;
S. 2 bis, avenue des Gobelins ;
T. 1, avenue de Villiers ;
U. 49, avenue Champs-Elysées ;
V. 85, avenue d'Orléans ;
X. 69, rue du Commerce ;
Y. 124, faubourg Saint-Honoré ;
Z. 89, boulevard Haussmann ;
AB. 39, rue Ménilmontant.

BUREAUX DE BANLIEUE

Asnières : 6, rue de Saint-Denis. *Charenton* : 50, rue de Paris. *Enghien* : 47, Grande-Rue. *Levallois-Perret* : 3, place de la République. *Montreuil-sous-Bois* : 57, boulevard de l'Hôtel-de-Ville. *Neuilly-sur-Seine* : 92, avenue de Neuilly. *Saint Denis* : 88, rue de Paris.

AGENCES EN PROVINCE

Abbeville.
Agen.
Aix-en-Provence.
Alais.
Amiens.
Angoulême.
Arles.
Avignon.
Bagnères-de-Luchon.
Bagnols-sur-Cèzes.
Beaucaire.
Beaune.
Beauvais.
Belfort.
Bergerac.
Béziers.
Bordeaux.
La Bourboule.
Caen.
Calais.
Cannes.
Carcassonne.
Castres.
Cavaillon.
Cette.
Chagny.
Châlons-sur-Saône.
Châteaurenard.
Clermont-Ferrand.
Cognac.
Condé-sur-Noireau.
Dax.
Dauville-Trouville.
Dieppe.
Dijon.
Douai.
Dunkerque.
Elbeuf.
Epinal.
Firminy.
Flers.
Gray.
Le Hâvre.
Hazebrouck.
Issoire.
Jarnac.
La Ferté-Macé.
Lésignan.
Libourne.
Lille.
Limoges.
Lyon.
Manosque.
Le Mans.
Marseille.
Mazamet.
Mont-de-Marsan.
Le Mont-Dore.
Montpellier.
Nancy.
Nantes.
Narbonne.
Nice.
Nîmes.
Orange.
Orléans.
Périgueux.
Perpignan.
Reims.
Riom.
Roanne.
Roubaix.
Rouen.
Royat.
Saint-Chamond.
Saint-Dié.
Saint-Etienne.
Salon.
Soissons.
Toulouse.
Tourcoing.
Tours.
Trouville-Dauville.
Valenciennes.
Versailles.
Vichy.
Villefranche-sur-Saône.
Villeneuve-sur-Lot.
Vire.

AGENCES DANS LES COLONIES ET PAYS DE PROTECTORAT

Tunis, Sfax, Sousse, Gabès, Majunga, Tamatave, Tananarive, Diégo-Suarez, Mananjary.

AGENCES A L'ETRANGER

Bruxelles, Londres, Liverpool, Manchester, Bombay, Calcutta, San Francisco, New-Orléans, Melbourne, Sydney, Tanger.

LOCATION DE COFFRES-FORTS

Le Comptoir tient un service coffre-forts à la disposition du public, *14, rue Bergère, 2, place de l'Opéra, 147, boulevard Saint-Germain, 49, avenue des Champs-Élysées* et dans les principales Agences.

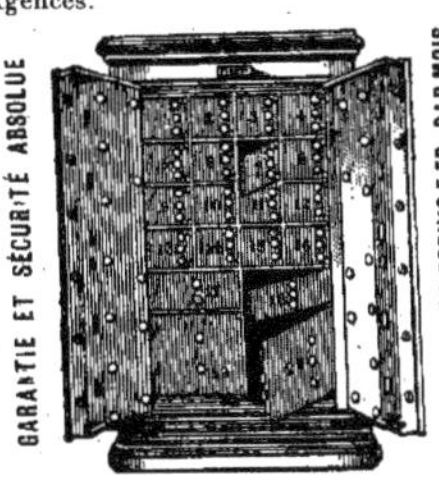

Une clef spéciale unique est remise à chaque locataire. — La combinaison est faite et changée par le locataire, à son gré. — Le locataire peut seul ouvrir son coffre.

BONS A ÉCHÉANCE FIXE

Intérêts payés sur les sommes déposées :

De 6 mois à 1 an . . 1 1/2 o/o	Au delà de 18 mois jusqu'à 2 ans. . . 2 1/2 o/o
Au delà de 1 an jusqu'à 18 mois . . . 2 o/o	Au delà de 2 ans. . 3 o/o

Les Bons, délivrés par le *Comptoir National* aux taux d'intérêts ci-dessus, sont à ordre ou au porteur, au choix du déposant. Les intérêts sont représentés par des *Bons d'intérêts* également à ordre ou au porteur, payables semestriellement ou annuellement suivant les convenances du Déposant. Les *Bons de capital et d'intérêts* peuvent être endossés et par conséquent négociables.

VILLES D'EAUX, STATIONS BALNÉAIRES

Le *Comptoir National* a des agences dans les principales *Villes d'Eaux* : Nice, Cannes, Vichy, Dieppe, Trouville-Deauville, Dax, Royat, le Havre, la Bourboule, le Mont-Dore, Bagnères-de-Luchon, etc. ; ces agents traitent toutes les opérations comme le siège social et les autres agences, de sorte que les Etrangers, les Touristes, les Baigneurs peuvent continuer à s'occuper d'affaires pendant leur villégiature.

LETTRES DE CRÉDIT POUR VOYAGES

Le *Comptoir National d'Escompte* délivre des *Lettres de Crédit* circulaires payables dans le monde entier auprès de ses agences et correspondants ; ces Lettres de Crédit sont accompagnées d'un carnet d'identité et d'indications et offrent aux voyageurs les plus grandes commodités, en même temps qu'une sécurité incontestable.

Salons des Accrédités, Branch office, 2, Place de l'Opéra

Special department for travellers and letters of credit. Luggages storred. Letters of credit cashed hand delivered throughout the world. — Exchange office. — The Comptoir National receives and sends on parcels addressed to them in the name of their clients or bearers of credit.

CARTE DU DÉPARTEMENT DE LA SEINE

Limites et forme du territoire des Communes

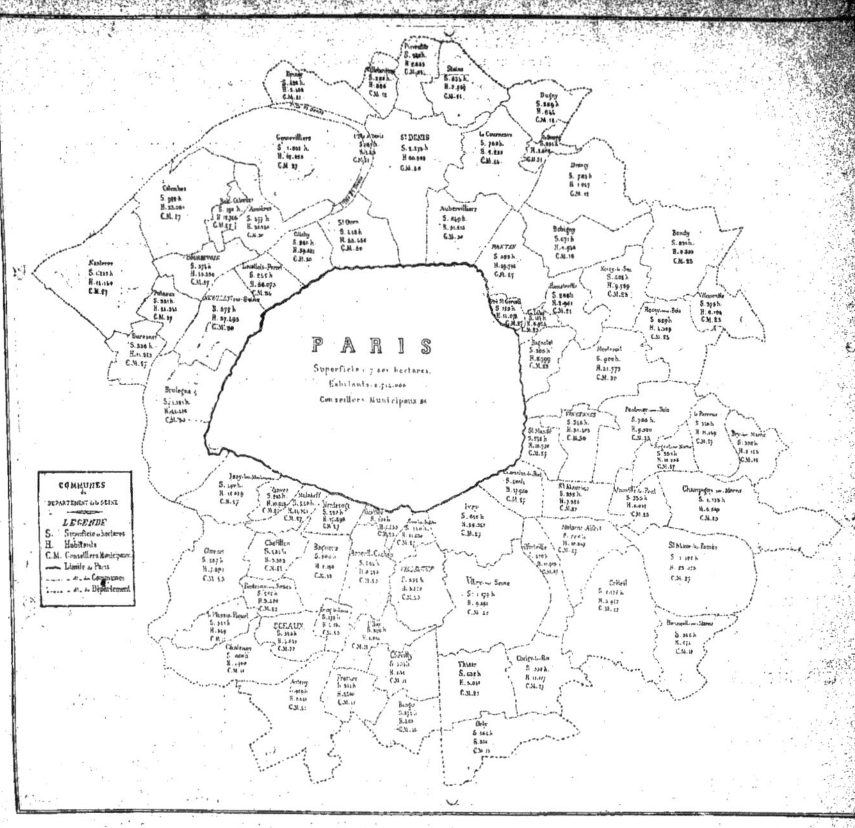

BULLETIN DE SOUSCRIPTION

AU

MONUMENT NATIONAL

Édition du Département de la Seine (Paris excepté)

Monsieur ________________ *Profession* ________________

Domicile ________________________________

souscrit aux vingt livraisons du " **Monument National** ", *édition du Département de la Seine (Paris non compris) et verse à l'appui de sa souscription la somme de six francs en un mandat-poste à l'adresse de* Monsieur E. Champion, *directeur du* " **Monument National** ", *38, rue du Louvre.*

Il s'engage à acquitter le solde soit cinq francs cinquante centimes à la réception de la 10e livraison sur présentation de la facture quittance.

DATE ________________

SIGNATURE ________________

ADRESSE ________________

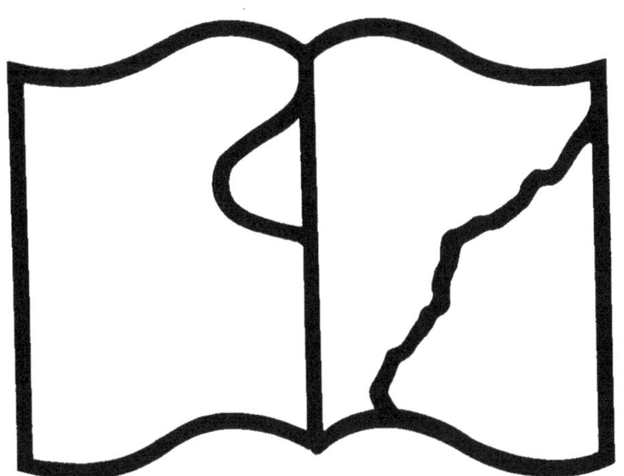

Texte détérioré — reliure défectueuse

NF Z 43-120-11

www.ingramcontent.com/pod-product-compliance
Ingram Content Group UK Ltd.
Pitfield, Milton Keynes, MK11 3LW, UK
UKHW021038200726
13857UKWH00005B/1794

9 782011 924117